LES AGES,

BALET

REPRESENTE' POUR LA PREMIERE FOIS

PAR L'ACADEMIE ROYALE DE MUSIQUE,

Le Dimanche 9. Octobre 1718.

Et remis au Théâtre le Mardi 10. Octobre 17 24

Le prix est de quarante sols.

A PARIS,

Chez la Veuve de PIERRE RIBOU, seul Libraire de l'Académie Royale de Musique, Quay des Augustins, à la descente du Pont-Neuf, à l'Image S. Loüis.

M. DCC. XXIV.

Avec Approbation & Privilege du Roy.

AVERTISSEMENT.

ON verra dans ce Balet, que j'ai cru que Thalie avoit des droits sur la Musique aussibien que Melpomene. Je ne ferai pas une longue Dissertation pour prouver que le genre comique n'est pas incompatible avec les beautez de l'harmonie. Si le Balet des Ages que je présente au Public le divertit, mon projet est justifié; si la Piéce n'a pas le bonheur de plaire, mon Apologie seroit pour moi un nouveau crime, & pour mes Lecteurs une surcharge d'ennui. Je n'ai prétendu donner qu'un tissu de Maximes enjoüées, liées par une intrigue légere, qui pût occasionner des Airs gracieux & des Danses variées. C'est ce me semble, ce qui doit constituer le fonds d'un Balet. Ainsi je demande seulement aux Critiques judicieux & non passionnez, la grace de se souvenir de mon intention, en examinant mon Ouvrage, & de ne pas me punir trop séverement d'avoir craint de les ennuyer.

Je me garderai bien cependant d'opposer la réüssite de ma Piece à la Satyre; il entre tant de circonstances indépendantes du mérite des Auteurs dans le destin de leurs Ouvrages, que souvent ils ne doivent pas rougir de leur chûte, ni s'enorgüeillir de leur triomphe.

ACTEURS ET ACTRICES CHANTANS
dans tous les Chœurs du Prologue & du Balet.

COSTE' DU ROI.	COSTE' DE LA REINE.
Messieurs	*Messieurs*
Flamand.	Corbie.
Bremond.	Lemyre- L.
St. Martin.	Morand.
Bertin.	Dautrep.
Deshais.	Corail.
Duplessis.	Houbeau.
Buzeau.	Duchesne.
Juilliard.	
Mesdemoiselles	*Mesdemoiselles*
Constance.	Melon.
Souris L.	La Roche.
Souris- C.	Tettelette.
Dun.	Charlard.
Royer.	Perignon.
Dutilliée.	Julie.

ACTEURS CHANTANS DU PROLOGUE

HEBE', *Déesse de la Jeunesse*,	Mlle le Maure.
LE TEMS,	Monsieur le Myre.
VENUS,	Mademoiselle Lambert.
BACCHUS,	Monsieur Dubourg.

ACTEURS DANSANS DU PROLOGUE.

SUITE D'HEBE'.

Messieurs P. Dumoulin, Maltaire-C., Dangeville, Maltaire-L.

Mesdemoiselles Petit, Rishalet, Lamartiniere, Binet.

SUITE DU TEMS.

Messieurs Javilliers, Pierret, Duval, la Motte.

SUITE DE VENUS.

Mademoiselle Menés.
Messieurs Dumoulin-L., Myon, Duval, la Motte.
Mesdemoiselles la Feriere, Duval, Rey, Thybert.

PROLOGUE.

Le Théâtre represente un Bosquet des Jardins d'Hebé, Déesse de la Jeunesse.

HEBE'.

SOrtez de ces paisibles bois,
Venez, troupe charmante, accourez à ma voix.

Rassemblez-vous, le plaisir vous appelle,
De vos jeunes momens consacrez-lui le cours;
Et marquez tous vos beaux jours
Par une fête nouvelle:
Rassemblez-vous, le plaisir vous appelle.

Toute la Suite d'Hebé accourt & se dispose aux plaisirs qu'on lui annonce.

CHOEUR *de la suite d'Hebé.*

Rassemblons-nous, le plaisir nous appelle;
De nos jeunes momens consacrons-lui le cours;
Et marquons tous nos beaux jours
Par une fête nouvelle;
Rassemblons-nous, le plaisir nous appelle.

HEBE'.

Les Loix que vous suivez sont faites par les Jeux,
Connoissez tout le prix d'un si doux avantage:
C'est être doublement heureux
Que de l'être à votre âge.

Ici le plaisir seul exerce son pouvoir:
Riez, dansez, chantez sans cesse,
C'est-là votre devoir
Agréable jeunesse.

La suite d'Hebé exprime son bonheur par des Danses. Elles sont interrompuës par une Symphonie caracterisée qui annonce le Tems.

HEBE'.

Ciel! qui peut nous troubler dans de si doux instans!
Quels tristes sons! que vois-je? c'est le Tems.

LE TEMS.

Venez tristes Sujets soumis à ma puissance
Marquez-moi votre obéïssance.

Poursuivons la Jeunesse & troublons ses beaux jours.
Chassons les Ris errans sous ces ombrages,
Otons à la Beauté leur utile secours;
Le plaisir sçait du Tems arrêter les ravages,
Poursuivons la Jeunesse & troublons ses beaux jours.

La suite du Tems ennemie des plaisirs poursuit les Suivantes d'Hebé, & leurs danses dépeignent la legereté de la Jeunesse qui recommençant les Jeux autant de fois qu'on les interrompt, nous exprime son caractere qui est d'oublier les chagrins dès qu'ils disparoissent : On entend une douce Symphonie. Venus paroît dans son Char avec l'Amour & Bacchus. Le Tems & sa Suite se retirent.

LE TEMS.

Qu'entens-je ! c'est l'Amour qui descend dans ces lieux,
Retirons-nous : Cedons au Souverain des Dieux.

VENUS.

Rassurez-vous Jeunesse aimable,
Revenez, triomphez du Tems impitoyable.

Toute la Suite d'Hebé revient, ramenée par la suite de l'Amour.

BACCHUS.

Ne vous étonnez pas de voir dans ces beaux lieux
Des plus aimables Dieux
Le riant aſſemblage.
Pour le bien des Mortels ſur le Char de Venus
Aujourd'hui l'Amour voyage
Aſſis auprès de Bacchus.

VENUS.

Soupirez, réverez le Dieu qui vous engage,
Soupirez nuit & jour,
Jeunes cœurs, les ſoupirs ſont l'encens de l'Amour:
Qu'il eſt doux de lui rendre hommage!

Aimez. Dans l'Hyver même on joüit du Printems,
Quand l'Amour vole
Sur les traces du Tems.
Eſt-ce pour la raiſon que ſont faits les beaux ans?
Faut-il qu'à ſes conſeils un jeune cœur s'immole?
Aimez. Dans l'Hyver même on joüit du Printems,
Quand l'Amour vole
Sur les traces du Tems.

BACCHUS.

Aimez, bûvez; notre préſence
Vous invite à joüir de notre intelligence.

Le

Le Dieu du Vin
Possede sans partage
Les bords du Rhin :
Et le Dieu de Paphos regle seul le Destin
Des climats qu'arrose le Tage.
Heureux l'empire ! heureux le sort
Qui l'un à l'autre les enchaîne !
C'est seulement aux rives de la Seine
Que l'Amour & Bacchus regnent toujours d'accord.

La suite de l'Amour mêlée à celle d'Hebé, honore Bacchus & Venus par leurs danses.

VENUS.

Veillez Bacchus, veillez Amour,
Endormez la raison sévere,
Triomphez dans ce beau séjour.

Empêchez-la de nous distraire.
Quel jour charmant ! quel heureux jour,
Quand vous la forcez à se taire !

Veillez Bacchus, veillez Amour,
Endormez la raison sévere,
Triomphez dans ce beau séjour.

Les Danses recommencent.

VENUS.

Plaisirs, faites briller vos charmes,
Qu'un spectacle galant nous montre dans ce jour
Tous les Ages soumis au pouvoir de l'Amour :
Plaisirs, faites briller vos charmes,
Contre les coups du Tems ce sont de sûres armes.

A l'Amour.

Volez, mon fils, volez ; que Flore & les Zephirs
Préparent avec vous des Fêtes
Qui doivent à nos yeux retracer vos conquêtes.

Aux Suivantes d'Hebé.

Et vous en les chantant redoublez vos plaisirs.

L'Amour s'envole.

VENUS ET BACCHUS.

Venus. .. Celebrez { Bacchus } & sa gloire,
Bacchus. .. Celebrez { l'Amour } & sa gloire,
Que ces Dieux dans vos cœurs partagent la victoire:
Celebrez leur accord par un concert nouveau ;
Que l'écho se réveille ;
Venus. Chantez Bacchus sous l'Ormeau,
Bacchus. Chantez l'Amour sour la Treille.

CHOEUR.

Suite de l'Amour. . : Célebrons { Bacchus } & ſa gloire,
Suite de Bacchus. . . Célebrons { l'Amour } & ſa gloire,

Que ces Dieux dans nos cœurs partagent la victoire;
Celebrons leur accord par un concert nouveau :
Que l'écho ſe reveille ;
Suite de l'Amour. . : Chantons Bacchus ſous l'Ormeau,
Suite de Bacchus. . . Chantons l'Amour ſous la Treille.

Fin du Prologue.

ACTEURS CHANTANS DU BALET.

PREMIERE ENTRE'E.

LA JEUNESSE OU L'AMOUR INGENU.

FLORISE, *trés-jeune personne aimée de Léandre*, Mademoiselle Dun.

ARTEMISE, *Gouvernante de Florise*, M. Tribou.

LEANDRE, *Amant de Florise, déguisé de même qu'Artemise Gouvernante de Florise*, M. Dumeny.

ZERBIN, *Valet de Leandre*, Monsieur Mantienne.

Un Masque chantant, Mademoiselle Dutiliée.

Troupes de Masques.

La Scene est à la Foire de Bezons.

SECONDE ENTRE'E.

L'AGE VIRIL OU L'AMOUR COQUET.

ERASTE, *homme de plaisir, Amant de Lucinde,* Monsieur Dun.

LUCINDE, *jeune Veuve coquette,* Mademoiselle le Maure.

DAMON, *Petit Maître,* Monsieur Tribou.

CLEON, *Financier amoureux de Lucinde,* M. Grenet.

Vendangeurs & Vendangeuses.

La Scene est en Champagne près du Château de Lucinde.

TROISIE'ME ENTRE'E.

LA VIEILLESSE OU L'AMOUR JOÜÉ.

FABIO, *Pere de Silvanire, noble Venitien,* M. Dubourg.

SILVANIRE, *Fille de Fabio, déguisé en Cavalier Polonois,* Mademoiselle Eremans.

VALERE, *Seigneur Polonois, Amant de Silvanire,* Monsieur Chassé.

ARGANT, *Vieillard amoureux de Silvanire, Gentilhomme de campagne François,* Monsieur Mantienne.

MERLIN, *Valet de Fabio,* Monsieur Dumeny.

L'Ordonnateur de la Fête, Monsieur Cuvillier.

Un Suivant de la Folie, Monsieur Tribou.

La Scene est près de Padouë dans les Jardins préparez pour une Fête.

LA JEUNESSE OU L'AMOUR INGENU.

PREMIERE ENTRÉE.

Le Theâtre represente au fonds la Riviere de Seine, & dans les aîles la Foire de BeZons.

SCENE PREMIERE.

LEANDRE *déguisé comme* ARTEMISE, *un masque à la main*, ZERBIN *déguisé.*

ZERBIN.

QUel dessein vous conduit dans ce séjour charmant ?
Les Amours sur ces bords préparent mille fêtes ;

Venez-vous aujourd'hui ſous ce déguiſement
Tenter de nouvelles conquêtes ?

LEANDRE *déguiſé comme* ARTEMISE.

C'eſt ſous un pareil ornement
Que doit paroître ici l'incommode Artemiſe,
Ce redoutable Argus de la jeune Floriſe.
Ah ! que ſes ſoins fâcheux
Otent de doux momens à mon cœur amoureux !

ZERBIN.

Quoi vous aimez Floriſe ?

LEANDRE *déguiſé comme* ARTEMISE.

Je l'adore.

Floriſe ne ſçait pas encore
Le prix de ſes attraits :
Un jeune objet paré de charmes qu'il ignore
N'en eſt que plus ſûr de ſes traits.

ZERBIN.

D'une Beauté naiſſante
Les jeux occupent ſeuls les ſoins & les déſirs ;
Elle rit ſans pitié des plus tendres ſoupirs ;
Lorſque l'on s'en plaint, elle chante :
N'attendez pas de vrais plaiſirs
D'une Beauté naiſſante.

LEANDRE *déguisé comme* ARTEMISE.

D'une Beauté naissante
Heureux qui peut causer les timides désirs,
Elle seule nous peut donner de vrais plaisirs:
Quelle douceur charmante
D'entendre les premiers soupirs
D'une Beauté naissante!

ZERBIN.

Vous êtes donc aimé?

LEANDRE *déguisé comme* ARTEMISE.

Hélas! j'ignore même
Si l'on connoît que j'aime.
Je viens chercher ici l'objet qui m'a charmé.
J'espere surprendre Artemise,
Sous son déguisement que j'ai fait imiter,
Je peux tromper les yeux de la jeune Florise,
Et trouver le moment de m'en faire écouter.

ZERBIN.

Le Bal vous favorise,
On va se rassembler sur ce rivage frais....

LEANDRE *déguisé comme* ARTEMISE.

Le trouble charmant qui s'aprête
Annonce à mon cœur mille attraits;

Dans le désordre d'une fête
L'Amour ne s'égare jamais.

ZERBIN.

On vient.

LEANDRE *déguisé comme* ARTEMISE.

Retirons-nous sous ce feüillage épais.

SCENE II.

FLORISE *déguisé*, ARTEMISE *déguisé comme* LEANDRE.

ARTEMISE.

Ne nous écartons pas sur cette aimable rive,
Je crains que malgré nous quelqu'Amant ne nous suive;
Nous sommes sur ces bords toutes deux sans secours.

On ne trouve pas toujours
Des Rossignols sous l'ombrage :
Mais il n'est point de bocage
Où ne volent les Amours.

BALET.

Plaignons un cœur qui s'engage,
Les Amans jusqu'au village
Aujourd'hui manquent de foi.

FLORISE.

Vous les connoissez mieux que moi,
On doit tout sçavoir à votre âge.

ARTEMISE.

A mon âge, est-ce à moi que l'on tient ce langage?

Je suis encor dans ma belle saison,
C'est ce qui fait le prix de mon indifference:
Sçachez que ma prudence
Est un beau fruit de ma raison
Et non de mon expérience.
De cent perils divers songez à vous garder:
Croyez-en ma Sagesse,
Les hommes sont méchans. . . .

FLORISE.

C'est donc pour les gronder
Qu'on vous voit les chercher sans cesse.

ARTEMISE.

Ils vous cachent toujours le venin sous les fleurs:
Je vous amene au Bal, voyez ma complaisance,
Mais évitez les soupirs imposteurs
Des Amans qu'en ces lieux promene l'inconstance;
Songez que sur ces bords on masque aussi les cœurs.

N'écoutez ſur ce rivage
Que le murmure des eaux,
Et de l'amoureux ramage
Fuyez les accords nouveaux;
Les Amants ſous cet ombrage
Chantent mieux que les Oiſeaux.

SCENE III.

ARTEMISE, FLORISE, LEANDRE *déguiſé comme* ARTEMISE *un maſque à la main.*

ZERBIN.

LEANDRE *déguiſé comme* ARTEMISE *au fonds du Théâtre.*

EH quoi! toujours l'importune Artemiſe?

ARTEMISE *à* FLORISE *ſans voir* LEANDRE.

Quelqu'un vient ſuivez-moi.

Artemiſe ſort du Théâtre, Floriſe la ſuit lentement, ce qui fournit à Leandre l'occaſion de l'aborder, après avoir ordonné à Zerbin d'aller amuſer Artemiſe.

LEANDRE *déguisé comme* ARTEMISE.

à Zerbin.

Saisissons ce moment, & toi,
Cours amuser l'Argus, feins que ton ame éprise
Adore ses appas.

ZERBIN.

O l'agréable emploi !

SCENE IV.

FLORISE, LEANDRE *déguisé comme* ARTEMISE.

LEANDRE *déguisé comme* ARREMISE *mettant son masque.*

ATtendez donc Florise. . . .

FLORISE.

O Ciel ! la severe Artemise
Sous le masque cache ses traits.

LEANDRE *déguisé comme* ARTEMISE.

On ne doit laisser voir ici que vos attraits.

FLORISE.

Vous changez bien-tôt de langage.

LEANDRE *déguisé comme* ARTEMISE.

Profitons du plaisir qui vient s'offrir à nous.

FLORISE.

Que devient votre humeur sauvage?
Vos Conseils. . . .

LEANDRE *déguisé comme* ARTEMISE.

Oubliez-les tous.

FLORISE.

Ah! qu'aujourd'hui votre entretien m'enchante!

LEANDRE *déguisé comme* ARTEMISE.

Florise m'aimez-vous. . . .

FLORISE.

Oh! je men garde bien;
Vous m'ordonnez de n'aimer rien,
Et je suis fort obéïssante.

LEANDRE *déguisé comme* ARTEMISE.

N'aimez rien, j'y consens, observez cette loi
N'en exceptez que moi.
Mais peut-être déja quelque flâme naissante
De votre jeune cœur occupe tous les vœux;
Ne vous contraignez plus, avoüez-moi vos feux.

FLORISE.

J'ignore ces ardeurs secrettes,
Et je n'ai pas dessein de les sentir un jour;

Non,

Non, l'on n'est pas tenté de connoître l'Amour
Sur les portraits que vous en faites :

Mais, Artemise, ces portraits
Sont-ils fideles ?

LEANDRE *déguisé comme* ARTEMISE.

Non, je vous ai caché l'Amour sous de faux traits,
Pour le peindre il n'est pas de couleurs assez belles.

FLORISE.

C'est donc un tableau bien charmant ?

LEANDRE *déguisé comme* ARTEMISE.

Il ne peut s'achever que par un tendre Amant.

FLORISE.

M'est-il permis d'en voir. . . .

LEANDRE *déguisé comme* ARTEMISE.

Malgré votre esclavage
Hélas ! si de l'Amour vous connoissiez la voix
Vous l'auriez près de vous entendu quelquefois.

L'Amour pour s'exprimer a bien plus d'un langage,
Et c'est lorsqu'il se tait qu'il en dit davantage.
De timides soupirs, des regards enflâmez
Ne vous ont-ils jamais tracé la vive image
Des beaux feux que vous allumez ?
L'Amour pour s'exprimer a bien plus d'un langage,
Et c'est lorsqu'il se tait qu'il en dit davantage.

Que l'on eſt malheureux ſi rien ne vous inſtruit
Des hommages qu'on va vous rendre !
Avec empreſſement on vous cherche, on vous ſuit....

FLORISE.

Je n'ai vû que Leandre.

LEANDRE *déguiſé comme* ARTEMISE *à part.*

Ciel ! elle ſçait mon nom ! que Leandre eſt charmé !

à Floriſe.

Déclarez-vous enfin, Leandre eſt-il aimé ?
Quel trouble vous ſurprend ?

FLORISE.

Je ne puis le comprendre.

Mon cœur n'eſt plus maître de lui,
Il ſuit de douces loix qu'il ne ſçait pas encore ;
Les Jeux qui m'amuſoient me cauſent de l'ennui,
J'éprouve quelquefois un plaiſir que j'ignore ;
Un trouble qui me plaît m'agite nuit & jour,
Je ne puis m'expliquer le feu qui me dévore ;
Aprenez-moi ſi c'eſt l'Amour.

LEANDRE *déguiſé comme* ARTEMISE.

Que venez-vous vous-même de m'aprendre ?

Il ôte ſon maſque.

Voudrez-vous bien encor l'avoüer à Leandre ?

FLORISE.

Dieux ! c'est lui.

LEANDRE *déguisé comme* ARTEMISE.

Je suis trop heureux.
Ah ! quel prix ? quel doux avantage
Votre cœur accorde à mes feux ?
Sans les connoître, il les partage.
Je suis trop heureux.

SCENE V.

FLORISE, LEANDRE *déguisé comme* ARTEMISE, ARTEMISE, ZERBIN.

FLORISE *apperçevant* ARTEMISE *dans le tems que* LEANDRE *lui baise la main.*

C'Est Artemise, ô Ciel !

ARTEMISE.

Quel projet témeraire ?

LEANDRE *déguisé comme* ARTEMISE.

Un Amant qui craint de déplaire
Avant l'hymen doit consulter l'Amour:
C'est ce que j'ai fait dans ce jour;
Excusez mon dessein. . . .

ARTEMISE.

Non, il n'est pas possible. . . .

ZERBIN *à* LEANDRE.

Ne vous allarmez pas, son cœur est fort sensible. . . .
J'en suis garand : c'est dans ce lieu paisible
Qu'elle m'a fait un tendre aveu ;
Vous voyez l'objet de son feu. . . .

LEANDRE *à* ARTEMISE.

Serez-vous inflexible ?

ZERBIN *à* ARTEMISE.

Au nom de nos tendres soupirs. . . .

ARTEMISE *faisant signe à* ZERBIN *de se taire.*

à Leandre. . . . Non, je ne suis point implacable
Je servirai l'hymen qui flatte vos desirs.

LEANDRE *déguisé comme* ARTEMISE.

Je vous devrai le jour & mes plus chers plaisirs.

FLORISE *embrassant* ARTEMISE.

Que je vous aime !

ZERBIN.

Elle est aujourd'hui fort aimable.

ARTEMISE & ZERBIN.

Volez, Dieu des Epoux, de deux tendres Amans
Couronnez la flâme sincere :
Hymen, que vos nœuds sont charmans
Quand l'Amour vous aide à les faire.

ARTEMISE.

Et vous mon cher Zerbin, ne consentez-vous pas
Qu'au temple de l'hymen nous volions sur leurs pas ?
Répondez.

ZERBIN *interdit.*

à part.

Mais je croi... quel instant redoutable !
Mais je croi des haut-bois entendre les accords,
Unissons-nous aux Jeux qu'on donne sur ces bords.

SCENE VI.

LEANDRE *donne la main à* FLORISE, *&* ZERBIN *en boudant à* ARTEMISE, *les Masques arrivent divisés par troupes avec les Instrumens à la tête & s'asseient autour des arbres.*

CHOEUR *des Masques.*

DAnsons, dansons sur les bords de la Seine;
Jeunes Zephirs, volez rafraîchissez les fleurs
De cette aimable plaine,
N'y laissez brûler que les cœurs.

Danse des Masques qui sont interrompuës par l'arrivée de deux petits Bateaux ornez de fleurs & chargez de nouvelles troupes de Masques.

UN MASQUE *chantant.*

Jeunes cœurs, voulez-vous plaire,
Cherchez le Bal & ses attraits:
C'est l'empire du Mystere,
L'Amour y répand ses bienfaits.

CHOEUR.

Jeünes cœurs, voulez-vous plaire,
Cherchez le Bal & ses attraits :
C'est l'empire du Mystere,
L'Amour y répand ses bienfaits.

LE MASQUE *chantant.*

Ici le Masque est plus sincere :
Qu'un Bal champêtre a de douceur !
L'étoile de Venus l'éclaire,
Flore en fait l'ornement, Zephire la fraîcheur.

CHOEUR.

Jeunes cœurs, voulez-vous plaire,
Cherchez le Bal & ses attraits :
C'est l'empire du Mystere,
L'Amour y répand ses bienfaits.

LE MASQUE *chantant.*

Trop heureux qui sur la fougere
Doit s'enflâmer dans ce simple séjour !
Le lieu qui voit naître l'Amour
Forme souvent son caractere.

CHOEUR.

Jeunes cœurs, &c.

Danses de nouveaux Masques.

LE MASQUE *chantant.*

Jaloux, fuyez les charmes
De nos jeunes Beautez ;
Vous causez moins d'allarmes
Que vous n'en ressentez.
Des Jeux qu'on veut contraindre
On accroît les appas ;
Que vous sert de vous plaindre ?
Nous ne vous plaignons pas.

Le Bal continuë & finit par des Contre-danses.

Fin de la premiere Entrée.

L'AGE

L'AGE VIRIL OU L'AMOUR COQUET.

SECONDE ENTRÉE.

Le Théâtre represente au fonds un Château en Champagne environné de Costeaux chargez de Vignes.

SCENE PREMIERE.

ERASTE *en habit de Campagne*, DAMON *en Voyageur.*

ERASTE *embrassant* DAMON.

EH! que viens-tu chercher dans ces climats charmans,
Toi que chaque beauté pour un instant engage?

Est-ce dans des hameaux séjour des vrais Amans
Que l'on doit trouver un volage?

DAMON.

Pour moi je ne suis point surpris
De te voir Habitant de ces côteaux cheris. . . .

ERASTE.

Je varie en ces lieux les plaisirs que nous donne
Un agreable Automne,
Je ne me trouve point de momens superflus.

Tout mon tems se partage
Entre les Amours & Bacchus.
J'aime, lorsque je voi la beauté qui m'engage,
Je boi, quand je ne la voi plus:
Tout mon tems se partage
Entre les Amours & Bacchus.

DAMON.

Peux-tu dans ces climats séparer ton hommage?
La treille y fait couler son plus aimable jus:
L'Amour se doit ici défier du partage
Que tu lui fais avec Bacchus.

ERASTE.

Je sers également leur gloire
Qui veut aimer doit sçavoir boire,
L'Amour fait les Amans & Bacchus les instruit.

Le vin sçait animer par sa flâme liquide
Les cœurs qu'un fier objet au silence réduit;
L'Amour est moins timide

Quand Bacchus le conduit.

DAMON.

Ne mene-t-il que toi chez l'objet qui t'engage?

ERASTE.

Non, non, je n'aime pas une beauté volage;
Je croi posseder seul le cœur
De l'aimable objet qui m'enchante;
Tu ris. . . .

DAMON.

Une beauté constante
N'est pas faite pour un Buveur.

ERASTE.

Eh! qui m'apprendra donc l'art de fixer les belles?

DAMON.

Moi. Je n'ai jamais rencontré
D'inconstantes ni de cruelles.
J'attendris les cœurs à mon gré:
J'ai corrigé mille coquettes. . . .

ERASTE.

Est-ce pour exercer un si rare secret
Que vous venez dans ces retraittes?

DAMON.

Ecoute. . . Mais est-tu discret?

ERASTE.

Finis un vain mystere.
Tu serois bien fâché que je sçusse me taire;

Va, parle, ne crains rien,
Je dirai tout.

DAMON.

Eh bien,
Une beauté charmante à qui j'ai trop sçu plaire
Habite dans ces lieux :
Je croi que loin de moi tout lui semble ennuyeux....

ERASTE.

Vous venez dissiper le chagrin qui la presse ?

DAMON.

Oüi, je viens en passant la voir dans ce séjour,
Je pourrai bien à sa tendresse
Donner le reste de ce jour.

ERASTE.

Le reste de ce jour ? la faveur est legere.

DAMON.

Oh ! je n'en conviens pas, & de plus entre nous,
Mon tems est retenu, je ne sçaurois mieux faire.

ERASTE.

Vous allez essuyer bien des transports jaloux !

DAMON.

Hélas ! c'est mon destin.

ERASTE.

Lorſqu'on eſt trop aimable,
C'eſt un deſtin inévitable.

DAMON *appercevant* LUCINDE.

J'apperçoi la beauté que j'ai trop ſçu charmer,
Que je vais la ravir !

ERASTE.

Qui, Lucinde ?

DAMON.

Elle-même,

ERASTE.

Peut-être en d'autres lieux elle a pû vous aimer,
Dans ces climats charmans je ſuis le ſeul qu'elle aime.

DAMON.

Que je te ſçai bon gré d'avoir pû l'enflâmer,
C'eſt me tirer, d'un embarras extrême.

SCENE II.

DAMON, ERASTE, LUCINDE.

LUCINDE *à* ERASTE *sans voir* DAMON.

Se rassurant. *Apercevant Damon.*

ALlons, Eraste, allons. . Mais, ô Ciel ! . . quel bonheur,
Dans ce lieu vous rassemble ?

ERASTE.

Quoi, vous vous étonnez de nous trouver ensemble ?
Damon n'est pas de trop, il connoît votre cœur.

LUCINDE *à part.*

Déguisons mon inquiétude.

à Damon.

Quoi vous venez, Damon, chercher ma solitude ?

DAMON.

Lucinde, je le voi, vous la peuplez d'amours,
Et vous empruntez leur secours
Contre l'ennui de vos retraittes.

ERASTE à DAMON.

Regrettez-vous ſon cœur ? mais, quoi,
Vous qui ſçavez corriger les coquettes
Travaillez, voilà de l'emploi.

DAMON à LUCINDE.

Dans le hameau prochain je vais voir Celimene,
C'eſt elle ſeulement qui dans ces lieux m'amene;
Vous n'avez changé qu'après moi.

SCENE III.

ERASTE, LUCINDE.

ERASTE.

VOus ne répondez rien, il a ſçu vous confondre.

LUCINDE.

A de pareils diſcours je n'ai rien à répondre,
Vous connoiſſez Damon.

ERASTE.

Eh bien!

LUCINDE.

Le croyez-vous ?
Lui feriez-vous l'honneur d'en être un peu jaloux ?
Ah ! rougissez d'un soupçon qui m'offense.

ERASTE.

De ce dépit railleur je dois me défier,
Lucinde, pourquoi donc gardiez-vous le silence ?

LUCINDE.

N'avoir rien répondu, c'est me justifier.
Il voit que vous m'avez sçu plaire,
Si je l'aimois, aurois-je pû me taire,
Et ne le pas désabuser ?

ERASTE.

Ah ! vous sçavez trop bien vous excuser
Pour être fidelle & sincere.

LUCINDE *feignant de se fâcher.*

C'est bien à vous à m'accuser
Vous que le Dieu du vin sçait trop souvent distraire. . .

On ne reconnoît plus
L'Empire de Cythere.
Les Amours à present s'échappent de leur Mere
Pour aller boire avec Bacchus.

ERASTE.

ERASTE.

Quand la treille me voit ſous ſes charmans aziles,
J'accorde au Dieu du Vin des momens inutiles
Qui pour l'Amour ſeroient perdus.

C'eſt pour affermir ma conſtance
Que j'emprunte dans votre abſence
Le ſecours d'un aimable jus.
Mais les Amans des autres Belles
Donnent ſouvent à des ardeurs nouvelles
Le tems que mon amour abandonne à Bacchus.

LUCINDE.

Loin de l'objet qui nous bleſſe
Doit-on l'oublier jamais ?
Non, n'y pas ſonger ſans ceſſe
C'eſt outrager ſes attraits.
Non, non, rien ne doit ſurprendre
L'attente de ſon retour :
Tous les momens d'un cœur tendre
Appartiennent à l'Amour.

ERASTE.

Damon ſuivoit-il bien cette leçon ſevere
Lorſque vous partagiez ſes volages ardeurs ?

LUCINDE.

Eraſte, ſçavez-vous que les Amans railleurs,
Perdent bien-tôt le droit de plaire?

La conquête d'un cœur ne ſçauroit me flatter
Lorſqu'à ſes ſoins jaloux il veut que je m'immole:
Et bien-tôt mon amour s'envole
Si les plaiſirs ne ſçavent l'arrêter.

A DEUX.

La conquête d'un cœur ne ſçauroit me flatter

Lorſqu'à { Ses ſoins jaloux / Son inconſtance } il veut que je m'immole;

Et bien-tôt mon amour s'envole
{ Si les plaiſirs ne ſçavent l' / Loin d'un objet qu'il ne peut } arrêter.

On entend un prélude.

ERASTE.

Qu'entens-je?

LUCINDE.

On prépare une fête,
Eraſte, j'oubliois de vous en informer.

ERASTE *ſurpris.*

Comment?

LUCINDE.

C'eſt pour moi qu'on l'apprête.

ERASTE.

Vous avez fait encor ici quelque conquête.

LUCINDE.

Oüi, le riche Cleon s'aviſe de m'aimer.

ERASTE.

Ah ! ç'en eſt trop, je me dégage.
J'eſperois vainement que votre cœur volage
Se fixeroit en ma faveur :
Ah ! ç'en eſt trop, je me dégage,
Je renonce à l'Hymen qui flattoit mon ardeur ...

LUCINDE.

Non, non, ne craignez pas qu'avec vous je m'engage ;
Non, vous m'épouvantez avec votre air grondeur.
Quand l'Amour nous fait peur
L'hymen nous doit encore effrayer davantage.

Allez, Eraſte, allez, ne ſuivez plus mes pas ...

ERASTE *très-piqué.*

Ainſi vous me chaſſez ... je ne partirai pas.

LUCINDE *gracieuſement.*

Que j'aime ce dépit !

ERASTE *à part.*

Mon couroux m'abandonne.
Hélas ! qu'il eſt aiſé d'apaiſer les Amans !
Mais Cleon vient : je vais troubler vos doux momens.

LUCINDE *affectant de la colere.*

On fatigue à la fin quand toujours on ſoupçonne,
Vous ne meritez pas, ingrat, mes ſentimens....

ERASTE.

Excuſez-vous du moins....

LUCINDE *en riant.*

Reſtez, je vous pardonne.

SCENE IV.

LUCINDE, ERASTE, CLEON *Financier.*
VENDANGEURS.

CLEON.

Pour celebrer la chaîne qui m'engage,
Nous deſcendons des côteaux d'alentour :
Par la voix des plaiſirs recevez mon hommage :
Pour vous belle Lucinde, on verra dans ce jour
Les Sujets de Bacchus obéïr à l'Amour.

Danses des Vendangeurs.

LUCINDE.

Résonnez paisibles Musettes,
Vous êtes les douces Trompettes
Des Vainqueurs
De nos cœurs.
Par d'aimables Chansonnettes
Vous couronnez les beaux jours :
Vous celebrez dans nos retraites
Les Exploits des tendres amours.
Résonnez paisibles, &c.

On danse.

ERASTE.

C'est dans ce fortuné séjour
Qu'avec tous ses attraits on voit briller la Treille:
Jamais sur ces côteaux le Buveur ne sommeille,
Bacchus dans ces climats a le feu de l'Amour,
Il n'est point de cœur qu'il n'éveille.

Le divertissement finit par des danses.

LA VIEILLESSE OU L'AMOUR JOÜÉ.

TROISIÉME ENTRÉE.

Le Theatre represente des Jardins près de Padouë préparez pour donner une Fête Galante.

SCENE PREMIERE.

SILVANIRE, MERLIN.

MERLIN.

D'Où vient que Silvanire agitée, inquiete,
Parcourt en soupirant cette aimable retraite?

Sans sçavoir vos desseins j'accompagne vos pas. . :
Quoi, voulez-vous garder un éternel silence ?
Sous ce déguisement que cherchez-vous ?

SILVANIRE *en Cavalier.*

Hélas !

Amour, fais brillert ta puissance,
Seconde des projets par toi-même formez ?

MERLIN.

Par ces tendres soupirs j'apprens que vous aimez :
Est-ce Argant ? il n'est plus dans la saison de plaire...

SILVANIRE *en Cavalier.*

On veut m'unir à lui par de funestes noeuds.

MERLIN.

On voit assez que c'est le choix d'un Pere.
S'il eut consulté vos voeux. . . .

SILVANIRE *en Cavalier.*

Mon coeur eût nommé Valere.

MERLIN.

Qu'Argant dans ses amours me semble témeraire !

Un Amant plus rempli de glaces que de feux
Peut-il attendre un destin agréable ?
Devroit-on se mêler d'être encore amoureux
Lorsqu'on n'est plus aimable ?

SILVANIRE *en Cavalier.*

Quel Amant ?

MERLIN.

Vous l'avez asservi malgré vous,
Vous n'aviez pas dessein de porter là vos coups,
C'est un trait égaré du Vainqueur de Cythere.

SILVANIRE *en Cavalier.*

Lorsque l'Amour lance ses traits
Rarement la raison l'éclaire,
La plus foible conquête a pour lui des attraits :
Lorsque l'Amour lance ses traits
Pourvû qu'il blesse un cœur il ne le choisit guere.

MERLIN.

Vos mépris pour Argant sont encore un mystere?.

SILVANIRE *en Cavalier.*

Depuis l'instant fatal qui causa mon malheur ;
Argant n'a pû m'expliquer son ardeur.

MERLIN.

Un Amour de son âge est instruit à se taire.

Quel seroit le triste entretien,
D'un Amant aussi vieux que l'Epoux de l'Aurore ?
Avec tranquillité croyez qu'il vous adore ;
Avant l'hymen il ne vous dira rien,
Peut-être après l'hymen se taira-t-il encore.

SILVANIRE.

SILVANIRE *en Cavalier.*

On m'ordonne aujourd'hui de paroître à ſes yeux ;
Déja dans ces Jardins ornez par ſa tendreſſe
Tu m'as fait remarquer cet Amant odieux :
Sous cet habit par ton adreſſe
J'ai devancé mon Pere dans ces lieux ;
J'y viens chercher Argant, j'y viens troubler ſon ame,
Je veux rompre l'hymen qu'eſpere en vain ſa flâme. ..

MERLIN.

Mais avez-vous prévû tous les hazards fâcheux ?

SILVANIRE *en Cavalier.*

Sans les examiner je les crois favorables :
Les projets les moins raiſonnables
Sont quelquefois les plus heureux.

MERLIN.

Expliquez-vous, je ſuis fort diſcret je vous jure.

SILVANIRE *en Cavalier.*

Non, non, Valere même ignore l'aventure,
Que j'oſe riſquer en ce jour.
Laiſſe-moi : ne ſuis plus mes pas dans ce ſéjour :
Pour témoin d'un projet dont la raiſon murmure
C'eſt aſſez de l'Amour.

SCENE II.

SILVANIRE *en Cavalier seule.*

JArdins fleuris qu'arrosent cent fontaines,
Bois que font retentir mille oiseaux amoureux,
Vous redoublez, hélas! mon désespoir affreux;
Plus un séjour est doux, plus on y sent ses peines.

On veut me séparer de l'objet de mes vœux.
J'écoute avec regret sous ce paisible ombrage,
Ruisseaux votre murmure, oiseaux votre ramage;
Tout devient des tourmens pour les cœurs malheureux.
Jardins fleuris qu'arrosent cent fontaines,
Bois que font retentir mille oiseaux amoureux,
Vous redoublez, hélas! mon désespoir affreux;
Plus un séjour est doux, plus on y sent ses peines.

Mais Argant vient ici: de mon déguisement
Soutenons l'apparence.
Il approche: il est tems que ma feinte commence;
Imitons les transports d'un malheureux Amant.

SCENE III.

SILVANIRE *en Cavalier*, ARGANT.

SILVANIRE *en Cavalier à part.*

Dieux ! Quelle route dois-je suivre ?
Silvanire, êtes-vous dans ce fatal séjour ?

ARGANT *à part.*

Il parle de l'objet qu'un doux hymen me livre.
Ecoutons.

SILVANIRE *en Cavalier à part.*

Quoi, je perds l'objet de mon amour ?
Un Rival me l'arrache, & je le laisse vivre ?

ARGANT *tremblant & s'éloignant.*

Ne nous découvrons pas, évitons son couroux.

SILVANIRE *en Cavalier arrêtant* ARGANT.

De grace arrêtez-vous,
N'est-ce pas dans ces lieux qu'on attend Silvanire ?
Argant est-il ici ?

ARGANT *à part.*

Il ne me connoît pas, à la fin je respire.

à Silvanire.

Seigneur, quel est le mal qui vous agite ainsi ?

SILVANIRE *en Cavalier.*

J'adore Silvanire, on l'enleve à ma flâme,
Et vous vous étonnez du trouble de mon ame ?

ARGANT.

Eteignez d'inutiles feux. ...

SILVANIRE *en Cavalier.*

Qu'osez-vous conseiller à mon cœur amoureux ?

ARGANT.

Argant espere ici par des jeux qu'on aprête
Toucher l'objet charmant dont son cœur suit la Loi.

SILVANIRE *en Cavalier.*

Silvanire verra des mêmes yeux que moi
Cette fatale fête.

Non, Silvanire & moi nous n'avons pas deux cœurs,
Elle est fidelle à l'Amant qu'elle adore.
Dans le triste destin de nos tendres ardeurs
Nous versons ensemble des pleurs ;

Elle hait le Rival que je hais, que j'abhore ;
Non, Silvanire & moi, nous n'avons pas deux cœurs.

ARGANT *à part.*

Je dois entendre ce langage ;
Voilà pour mon hymen un fort heureux présage.
a Silvanire.
Ainsi l'espoir d'Argant...

SILVANIRE.

Peut-il en concevoir ?
Est-ce donc de l'amour que son aspect inspire ?
Non, j'ose m'en flatter, non, j'ose vous le dire,
Il ne sçaura jamais quel que soit son espoir
Me séparer de Silvanire.

ARGANT.

Elle pourra changer...

SILVANIRE.

Non, non, n'en croyez rien,
Je connois dès longtems son cœur comme le mien,
Non, ce n'est pas à votre âge
Qu'on doit disputer un cœur.
Non, ce n'est pas à votre âge
Qu'on peut le rendre volage.
Cachez bien votre langueur,
Quand la vieillesse s'engage
On rit de sa foible ardeur.
Non, ce n'est pas à votre âge
Qu'on doit disputer un cœur.

Non, ce n'est pas à votre âge
Qu'on peut le rendre volage.
Cessez de vous flatter de quelque heureux retour.

ARGANT.

Silvanire vous jure une ardeur immortelle...

SILVANIRE.

Tous ses vœux, tous ses pas sont guidez par l'Amour.

ARGANT.

Vous passez, je le voi, peu de momens sans elle.

SILVANIRE.

Je l'accompagne nuit & jour.

ARGANT *à part.*

Nuit & jour ! juste Ciel ! il n'a plus rien à taire.

SILVANIRE *à part.*

Ma feinte réüssit : mais j'apperçois Valere.

SCENE IV.

SILVANIRE, ARGANT, VALERE.

VALERE *sans les voir.*

Barbare hymen, tyran trop rigoureux,
Tu prétens donc m'arracher Silvanire ?

ARGANT *à part.*

Dieux ! encor un Rival ! eh ! que vont-ils se dire ?

VALERE *sans les voir.*

Barbare hymen, Tyran trop rigoureux,
Sans l'aveu de l'Amour dois-tu former ces nœuds ?

ARGANT *à part reconnoissant* VALERE.

Que vois-je ? Valere. Il soupire ?
J'ignorois son amour, je connois son couroux,
Il ne ménage rien dans ses transports jaloux,

à Valere.

Je crains. . feignons... Seigneur la Fête vous attire ?

VALERE *voulant mettre l'épée à la main.*

Ah! je vous trouve enfin, Argant, défendez-vous...

ARGANT *&* SILVANIRE *en Cavalier.*

Arrêtez.

VALERE *à Argant.*

Non, il faut expirer sous mes coups.

SILVANIRE *en Cavalier le retenant.*

Eh! de grace, arrêtez, Valere.

ARGANT *montrant* SILVANIRE *en Cavalier à* VALERE.

C'est sur lui seul que doit tomber votre colere,
On trouve nuit & jour Silvanire avec lui:
Il me l'a dit lui-même.

VALERE *regardant* SILVANIRE *en Cavalier.*

Quoi, c'est vous que je vois? ma surprise est extrême.

SILVANIRE *en Cavalier.*

Je vous prouve aujourd'hui

Qu'on ose tout lorsque l'on aime.
Silvanire est constante, Argant l'adore en vain;
Il n'obtiendra jamais ni son cœur ni sa main,
Je suis ici venu moi-même l'en instruire. . .

VALERE.

Que Valere est charmé ? quel genereux effort ?

ARGANT *à part.*

Voilà deux Rivaux bien d'accord.

SILVANIRE *en Cavalier aperçevant* FABIO.

Mon Pere vient. Amour, daigne, hélas! nous conduire.

SCENE V.

SCENE V.

SILVANIRE *en Cavalier*, VALERE, ARGANT, FABIO *suivi de* MERLIN.

L'Ordonnateur de la fête, Valere & Silvanire s'écartent un peu.

FABIO.

De ces lieux enchantez goûtons bien les appas,
Que l'Hymen y prépare une agreable Fête.

ARGANT.

Je sçai les faveurs qu'il m'aprête.

L'ORDONNATEUR *de la Feste entrant à* ARGANT.

Seigneur, les Jeux sont prêts....

ARGANT *brusquement.*

Moi je ne le suis pas.

FABIO.

Quel est ce noir chagrin, & que voulez-vous dire ?

ARGANT *brusquement.*

Que je ne veux plus être Epoux.

FABIO.

Expliquez-moi du moins qui cause ce couroux.

ARGANT *montrant à* FABIO, *Valere & Silvanire en Cavalier.*

Pour vous en informer, l'un des deux peut suffire.
Adieu je les laisse avec vous ;
Tous deux bien mieux que moi connnoissent Silvanire.

SCENE VI.

VALERE SILVANIRE *en Cavalier*, FABIO, MERLIN, L'ORDONATEUR *de la Fête & sa suite.*

FABIO *regardant* VALERE & SILVANIRE, *en Cavalier qui l'évitent tour à tour.*

QU'ont-ils donc à m'apprendre ?.. ils m'évitent tous deux...
Je ne vois plus Argant...

MERLIN *bas à* SILVANIRE.

Soutenons bien l'orage.

FABIO *à part.*

Quel caprice d'Argant a pû changer les vœux?
Non, ma Fille jamais ne ſera le partage
D'un Epoux ſi fâcheux.

SILVANIRE *en Cavalier, à ſon Pere.*

Que j'ai de graces à vous rendre!..

FABIO *à ſa Fille.*

la reconnoiſſant.

Quoi Seigneur... mais que vois-je ici?
Ma Fille, quel projet oſiez-vous entreprendre

SILVANIRE *en Cavalier.*

Il eſt juſtiſié puiſqu'il a réüſſi.

MERLIN *à* FABIO.

Il faut d'un cœur qui ſoupire
Excuſer les mouvemens,
Un projet que l'amour in ſpire
Paroît toujours ſage aux Amans.

FABIO *à* MERLIN.

On ne demande pas ici tes ſentimens.

SILVANIRE *en Cavalier à* FABIO.

Seigneur eſt-ce en vain que j'eſpere?

FABIO.

Je sçai que vous aimez, & j'aperçois Valere....
C'en est fait, je veux bien vous unir en ce jour,
Il faut que pour vos feux, enfin je me déclare;
Il faut que l'Hymen répare
Les fautes que fait l'Amour.

FABIO, SILVANIRE, VALERE & MERLIN.

Il faut que l'Hymen répare
Les fautes que fait l'Amour.

On entend un prélude.

FABIO.

Qu'entens-je?

L'ORDONNATEUR.

Ces concerts nous annoncent la Fête
Que pour Argant par mon ordre on aprête.

VALERE.

Ces Jardins qu'il avoit disposez pour des Jeux
Verront triompher ma tendresse.
Achevons ici ce jour heureux,
Profitons des plaisirs que mon Rival nous laisse.

A L'ORDONNATEUR *de la Feste & à sa suite.*

Vous qui de mon bonheur devenez les témoins,
Allez, comptez sur moi pour le prix de vos soins.

SCENE DERNIERE.

LE TRIOMPHE DE LA FOLIE SUR TOUS LES AGES.

La Ferme s'ouvre, & le Théâtre represente au fonds un Amphitéâtre de verdure orné de Fleurs & de Girandoles, occupé par les Ages & les sujets Favoris de la Folie. Son Trône isolé & caracterisé est placé au milieu; elle y est gardée par ses Matassins & environnée par Arlequin, Polichinel & autres Personnages comiques.

Un ACTEUR *de la Fête.*

O Puissante Folie, acceptez nos hommages,
Votre empire est égal à celui de l'Amour:
Vous sçavez comme lui regner sur tous les Ages,
Comme lui vous avez une nombreuse Cour.

Triomphez charmante Folie,
Chez vous tous les plaisirs sont toujours de saison;
Triomphez charmante Folie,
Les momens qu'on dérobe à la triste raison
Sont les plus doux de notre vie.

CHOEUR.

Triomphez charmante Folie,
Chez vous tous les plaisirs sont toujours de saison;

Triomphez charmante Folie,
Les momens qu'on dérobe à la triste raison
Sont les plus doux de notre vie.

Danse.

Un ACTEUR *de la Fête.*

Cara follia
Dentro il mio core
Con sommo ardore
Sempré sarai.

Lo stuolo immenso
De tuoi seguaci
Sebben audaci
D'al mio Valore
Vinti vedrai.
Cara Follia
Dentro il mio core
Con sommo ardore
Sempré sarai.

CHOEUR.

Chantons, celebrons les faveurs
De la Divinité qui regne sur nos cœurs.
L'Univers enchanté l'adore;
Elle a mille Autels dans des lieux
Où l'on ignore
Tous les autres Dieux.

FIN.

PRIVILEGE DU ROY.

LOUIS par la grace de Dieu Roi de France & de Navarre : A nos amez & feaux Conseillers les gens tenant nos Cours de Parlement, Maîtres des Requêtes ordinaires de notre Hôtel, Grand Conseil, Prevôt de Paris, Baillifs, Senechaux, leurs Lieutenans Civils, & autres nos Justiciers qu'il appartiendra, Salut. Les Sieurs Besnier Avocat en Parlement, Chomar, Duchesne, & de la Val de S. Pont, Bourgeois de notre bonne ville de Paris, Nous ont fait remontrer, qu'en consequence de l'Arrêt de notre Conseil du 12. Decembre 1712. du Traité fait entre eux & les Sieurs de Francine & Dumont le 24 desd. mois & an, & de nos Lettres Patentes du 8. Janvier ensuivant, confirmatives du Traité, ils auroient acquis le Privilege de faire representer les Opera durant le tems de vingt années, à compter du 10. Aout 1712. ainsi que le Privilege de la vente des Paroles desd. Opera, lesquelles ils desireroient faire imprimer pour les donner au Public, s'il Nous plaisoit leur accorder nos Lettres de Privilege sur ce necessaires. A CES CAUSES desirant favorablement traiter les Exposans, attendu les charges dont l'Académie Royale de Musique se trouve oberée, & les grandes dépenses qu'il convient de faire tant pour l'impression que pour la gravûre en taille-douce des Planches dont ce Livre sera ornés, Nous leur avons permis & permettons par ces Presentes de faire imprimer & graver les Paroles & la Musique de tous lesd. Opera, qui ont été ou qui seront representez par l'Académie Royale de Musique, tant separément que conjointement, en telle forme, marge, caractere, nombre de volumes & de fois que bon leur semblera, & de les faire vendre & debiter par tout notre Royaume pendant le tems de dix neuf années consecutives, à compter du jour de la date desdites Presentes. Faisons défenses à toutes personnes, de quelque qualité & condition qu'elles puissent être, d'en introduire d'impression étrangere dans aucun lieu de notre obéïssance; & à tous Imprimeurs, Libraires, Graveurs, & autres, d'imprimer, faire imprimer, vendre, faire vendre, debiter, ni contrefaire lesdites impressions, planches & figures, en tout ni en partie, sans la permission expresse & par écrit desdits Sieurs Exposans, ou de ceux qui auront droit d'eux, à peine de confiscation des Exemplaires contrefaits, de six mille liv. d'amende contre chacun des contrevenans, dont un tiers à Nous, un tiers à l'Hôtel Dieu de Paris, l'autre tiers ausdits Sieurs Exposans, & de tous dépens, dommages & interêts, à la charge que ces Presentes seront enregistrées tout au long sur le Registre de la Communauté des Imprimeurs & Libraires de Paris, & ce dans trois mois de la date d'icelles; que la gravûre & impression desdits Opera sera faite dans notre Royaume & non ailleurs, en bon papier & en beaux caracteres, conformement aux Reglemens de la Librairie, & qu'avant de les exposer en vente il en sera mis deux Exemplaires dans notre Bibliotheque publique, un dans celle de notre Château du Louvre, & l'autre dans celle de notre tres-cher & feal Chevalier Chancelier de France le Sieur Phelypeaux, Comte de Pontchartrain, Commandeur de nos Ordres, le tout à peine de nullité des Presentes, du contenu desquelles vous mandons & enjoignons de faire joüir lesd. Sieurs Exposans, ou leurs ayant cause, pleinement & paisiblement, sans souffrir qu'il leur soit fait aucun trouble ou empêchement. Voulons que la copie desdites Presentes, qui sera imprimée au commencement ou à la fin desd. Opera, soit tenuë pour dûëment signifiée, & qu'aux copies collationnées par l'un de nos amés & feaux Conseillers & Secretaires foi soit ajoûtée comme à l'Original. Commandons au premier notre Huissier ou Sergent de faire pour l'execution d'icelles tous Actes requis & necessaires, sans demander autre permission, & nonobstant Clameur de Haro, Charte Normande & Lettres à ce contraires : Car tel est notre plaisir. Donné à Versailles le 10. jour d'Aout l'an de Grace 1713 & de notre Regne le soixante onziéme. Par le Roi en son Conseil, signé BESNIER avec paraphe, & scellé.

Nous n'avons cedé à M. Ribou le present Privilege suivant le Traité fait avec lui le 17 Juillet dernier 1713. A Paris le 12. Aout 1713. Signé BESNIER

Registré sur le Registre avec la Cession, n. 3. de la Communauté des Libraires & Imprimeurs de Paris, page 648. n. 741. conformement aux Reglemens, & notamment à l'Arrêt du 3. Aoûs 1703. Fait à Paris ce 11. Septembre 1713. L. JOSSE, Syndic.

A PARIS De l'Imprimerie de J. B. LAMESLE, ruë des Noyers. 1724.

www.ingramcontent.com/pod-product-compliance
Ingram Content Group UK Ltd.
Pitfield, Milton Keynes, MK11 3LW, UK
UKHW022135260726
13993UKWH00003B/1462